MARMITES

DE

BRONZE AVEC INSCRIPTIONS

(XIIIe-XVIIIe SIÈCLE)

PAR

M. ROGER DROUAULT

CORRESPONDANT DU MINISTÈRE, À NONTRON

(Extrait du *Bulletin archéologique.* — 1912)

PARIS

IMPRIMERIE NATIONALE

MDCCCCXII

MARMITES

DE

BRONZE AVEC INSCRIPTIONS

(XIIIe-XVIIIe SIÈCLE)

PAR

M. ROGER DROUAULT

CORRESPONDANT DU MINISTÈRE, À NONTRON

(Extrait du *Bulletin archéologique*. — 1912)

PARIS

IMPRIMERIE NATIONALE

MDCCCCXII

MARMITES

DE

BRONZE AVEC INSCRIPTIONS

(XIIIᵉ-XVIIIᵉ SIÈCLE).

En mars 1907, nous avons eu l'honneur de communiquer au Comité des Travaux historiques un mémoire sur une marmite de bronze du xvıᵉ siècle [1]; à ce sujet, utilisant les notes prises dans divers musées, nous avons tenté une classification régionale des objets analogues et nous avons indiqué que deux types distincts semblaient s'affirmer : l'un, caractérisé par une panse globuleuse portée sur des pieds courts; l'autre, par une panse cylindro-conique — le gros bout d'un œuf — juchée sur de hauts pieds et surmontée d'un long col : le premier se rencontrant dans le Nord et le Centre, le second paraissant plus spécial au Limousin et au Périgord, où il se continue dans le moderne pot à châtaignes.

Les documents que nous avons rencontrés depuis [2] et que nous

[1] *Marmite de bronze avec inscription du xvıᵉ siècle*, dans *Bulletin archéologique*, 1907, p. 221, et tirage à part, Imprimerie nationale, 1908.

[2] Dont un grand nombre dus à d'obligeants correspondants qui voudront bien trouver ici l'expression de notre vive gratitude : M. le pasteur Jomini, conservateur du Musée cantonal d'Avenches (Suisse); M. Antheaume, président de la Société archéologique de Provins; M. Bertrand, conservateur des Musées de Moulins; M. Belleau, conservateur du Musée de Châteauroux; M. L. Delambre, conservateur du Musée de Picardie; M. Raymond Deschederins, conservateur adjoint du Musée historique de l'Orléanais; M. Léon Germain de Maidy, l'érudit

produisons ci-après confirment tous cette classification : les marmites de bronze conservées dans les Musées d'Amiens, d'Avenches, de Beauvais, de Châteauroux, de Moulins et d'Orléans, celle provenant d'Annecy, appartiennent toutes au premier type; tandis que trois marmites trouvées par M. de Fayolle en Périgord [1] et deux autres [2] relevées par nous en Limousin se rangent dans le second, que nous désignerons, à la suite du savant archéologue périgourdin, sous le nom de pot à châtaignes [3].

De ces nouveaux documents il résulte, en outre, qu'il semble exister un troisième groupe constitué par des marmites que caractérise une forme rigoureusement cylindrique raccordée à une calotte sphérique de très petite flèche, montée sur trois pieds plus ou moins courts : Musée de Nancy et Hôpital de Provins, c'est-à-dire pouvant être particulière à l'Est.

Nos trouvailles comportent à la fois des marmites anépigraphes, sans ornements, et des marmites avec inscriptions : celles-ci ustensiles de luxe ou d'un usage plus relevé que l'usage culinaire, celles-là ustensiles usuels.

Bien que notre nouveau mémoire soit spécialement consacré aux premières, il nous paraît nécessaire, tout au moins pour essayer de préciser les types, de faire connaître ces objets anépigraphes.

Tout d'abord, au point de vue de l'antiquité du type globuleux, il convient de signaler la marmite trouvée en 1870 à Puiseaux (Loiret), aujourd'hui conservée au Musée d'Orléans [4].

archéologue lorrain; M. le chanoine Lecler, président honoraire de la Société archéologique du Limousin; M. le commandant Mowat, membre de la Société des Antiquaires de France; M. Henri Rachou, conservateur des Musées de Toulouse; notre excellent ami Roger Rodière, le campanographe du Pas-de-Calais, etc. Nous devons aussi au regretté M. Léon Dumuis, conservateur du Musée de l'Orléanais, diverses indications sur les marmites de ce Musée.

[1] *Marmite en bronze décorée de signes énigmatiques*, Périgueux, imprimerie de la Dordogne, 1907; *Nouveau pot à châtaignes en bronze décoré d'ornements en relief*, Périgueux, Ribes, 1909.

[2] L'une est décrite plus loin; l'autre, anépigraphe, porte pour ornementation des filets; elle mesure o m. 15 de haut et o m. 10 de diamètre à l'orifice. Elle est la propriété de M. Prévost, ancien notaire à Nontron.

[3] Notons également qu'un brocanteur de Nontron nous a dit avoir acquis aux environs de cette ville, il y a trois ou quatre ans, un pot à châtaignes portant une inscription, qu'il vendit à un marchand d'antiquités de Nancy.

[4] Cette marmite, avant d'entrer au Musée d'Orléans, faisait partie des collections de M. Dumesnil, sénateur du Loiret, qui habitait Puiseaux.

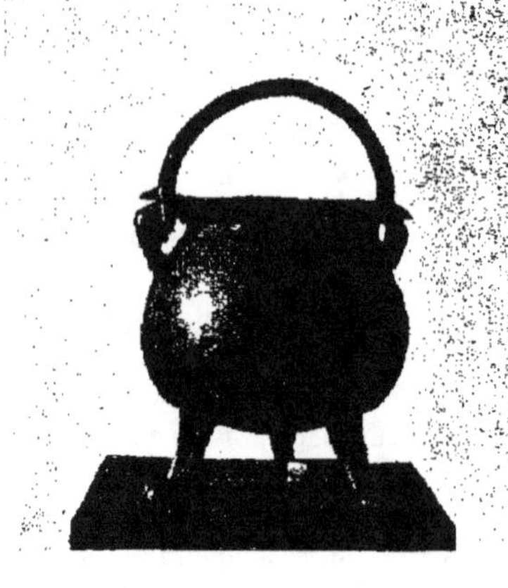

1

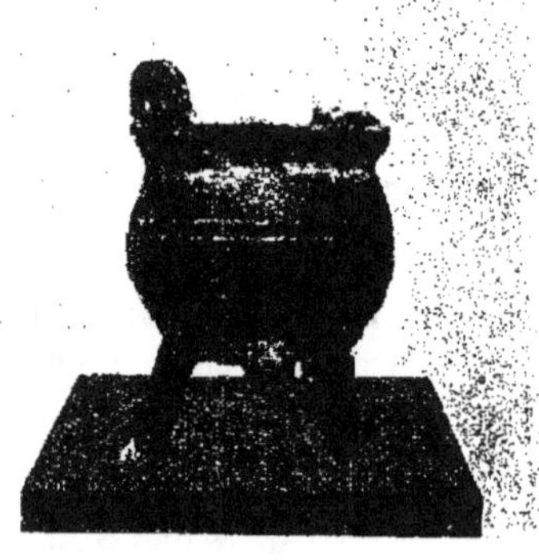

2

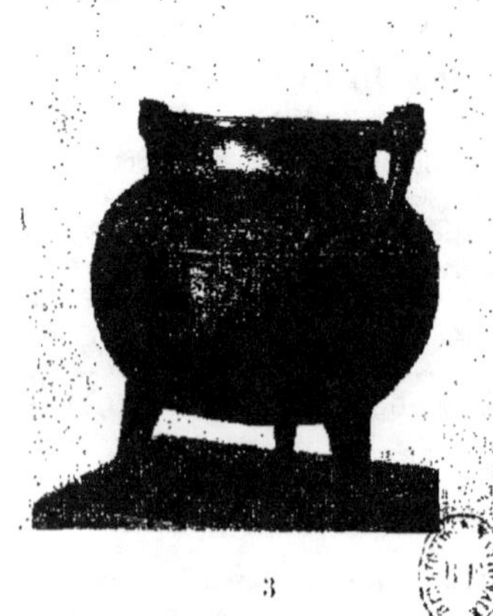

3

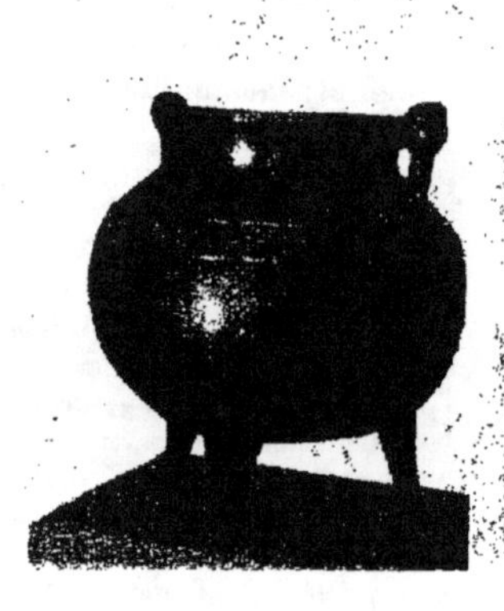

4

MARMITES DE BRONZE.

1. MUSÉE D'ORLEANS. — 2. MUSÉE DE MOULINS.
3 ET 4. MUSÉE D'AVENCHES.

Au moment de la rédaction de notre premier mémoire — et même depuis — nous avions rencontré des marmites de bronze, que, sans doute sur leur bonne mine, on étiquetait *de plano* gallo-romaines : prudemment, nous avions cru devoir nous ranger, en l'absence de tout élément de discussion fondé sur les circonstances des découvertes, derrière l'opinion émise il y a quelque cinquante ans par le savant abbé Cochet, qui proclamait son ignorance en cette matière [1]; la trouvaille de Puiseaux nous permet aujourd'hui d'avoir sur ce point une opinion fondée.

Cette marmite (pl. XXIV, fig. 1) [2] renfermait en effet, lors de sa découverte, des monnaies romaines d'Antonin, de Marc-Aurèle, et de Faustine, c'est-à-dire d'entre l'an 138 et l'an 180 de l'ère chrétienne; il est donc probable qu'elle est à peu près contemporaine de ces monnaies qui lui constituent un état civil précis.

La panse en est sphérique avec le fond aplati; elle est portée par trois pieds terminés par des griffes et surmontée par un col droit sans rebord planté obliquement; elle est munie d'oreilles formant angle aigu. Sa hauteur totale est de 0 m. 26; le diamètre à la panse, de 0 m. 24; le diamètre à l'orifice, de 0 m. 19; les oreilles ont 0 m. 06 de haut. Elle possède une anse de fer de 0 m. 015 de section.

Une autre marmite de forme identique, mais un peu plus petite [3] et de provenance inconnue, est conservée au même Musée d'Orléans.

Les marmites que nous avons vues au Musée de Picardie, à Amiens, appartiennent toutes au type sphérique; l'une d'elles a été trouvée sur l'emplacement du camp gallo-romain de Catenoy; elles présentent toutes des caractères de forme communs : un bord supérieur à paroi conique, évasé; trois pieds pleins adhérents vers la base du récipient à la partie déclive qui répond au diamètre maximum; oreilles coudées et courtes; tous les exemplaires, sauf un, ont les pieds terminés par des griffes à trois doigts [4].

Toutes les marmites, au nombre de quatre, que nous avons re-

---

[1] *Notes sur des marmites en bronze conservées dans quelques collections archéologiques;* Paris, Blériot, 1862. (Extrait de la *Revue de l'Art chrétien.*)

[2] Cliché de M. Raymond Deschederins.

[3] Hauteur, 0 m. 23; diamètre à l'orifice, 0 m. 18.

[4] Exemplaire provenant de Grandvilliers : hauteur totale, 0 m. 21; sans les

levées au Musée de Beauvais répondent à cette description; dans l'une d'elles se trouvaient, lors de sa découverte, des chandeliers de bronze.

Une marmite de bronze, conservée dans les collections de M. le commandant Mowat et acquise par lui à Annecy en 1885, appartient au type sphérique mais plus aplati[1]. Les trois pieds sont disposés irrégulièrement par rapport à l'orientation des oreilles; celles-ci sont coudées à angle aigu; les pieds courts sont évidés suivant leur face interne et leur section horizontale forme un V[2].

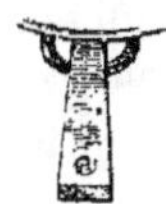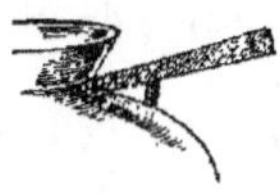

Fig. 1. — Marmite conservée au Musée d'Amiens. Détails du manche.

Une des marmites du Musée de Picardie présente une curieuse particularité : elle est munie, en plus de l'anse, d'une sorte d'appendice formant manche (fig. 1), particularité qui se retrouve sur un vase de bronze du Musée d'Orléans.

Cette marmite, de forme sphérique, mesure une hauteur totale de o m. 195; la panse a o m. 16 de haut et o m. 175 de diamètre

pieds, o m. 175; diamètre d'ouverture, o m. 175; diamètre maximum, o m. 18.

Autre exemplaire : hauteur totale, o m. 22; sans les pieds, o m. 18; diamètre d'ouverture, o m. 16; diamètre maximum, o m. 19.

Groupe de trois plus grands vases :

a. Hauteur, o m. 28; diamètre à l'orifice, o m. 195; grand diamètre, o m. 27; pieds sans griffes;

b. Hauteur, o m. 305; ouverture, o m. 215; grand diamètre, o m. 25;

c. Hauteur, o m. 325; ouverture, o m. 235; maximum, o m. 29.

Quatre de ces marmites proviennent de la Somme : de Tiraucourt et de Pargny; deux autres, de l'Oise : celles trouvées à Grandvilliers et à Catenoy.

[1] M. le commandant Mowat nous a fait remarquer l'analogie de forme qu'elle présente avec celle d'Avenches; elles sont du reste de la même région.

[2] Hauteur, o m. 235; sans les pieds, o m. 195; diamètre d'orifice, o m. 22; poids, 4 kilogr. 170. Une ligne fait le tour de la panse à l'endroit du plus grand diamètre, sans doute la trace de jonction des deux parties du moule. Il est à signaler que dans nos pots à châtaignes, cette ligne est au contraire perpendiculaire au plan horizontal. Il y a sans doute dans cette différence d'ouverture du moule une question d'ordre technique.

En ce qui concerne les ustensiles anépigraphes on pouvait user de moules en métal, tandis que pour les marmites à inscriptions on devait employer les procédés utilisés pour les cloches.

maximum; le diamètre à l'orifice est de o m. 145, celui du col de o m. 125. Elle est munie d'oreilles coudées à angle droit. Perpendiculairement à la ligne qui joint ces deux oreilles, se trouve une sorte de douille à section rectangulaire fixée obliquement sur la panse au-dessous du col; pour assurer la solidité de cette douille, deux tenons courbes et trapus maintiennent cet appendice latéralement et un troisième, détruit, lui servait d'appui en se fixant sur l'épaule même du vase; à l'extrémité de cette douille existe un double trou montrant que le manche de bois qu'on y introduisait était fixé par une goupille. Cette douille a o m. 11 de long; la section à l'orifice mesure o m. o5 sur o m. o35.

Le vase du Musée d'Orléans est une sorte de casserole cylindrique de bronze montée sur trois pieds massifs; il a une hauteur totale de o m. 14 et un diamètre de o m. 19. Il est muni d'une douille de forme identique à la précédente, mais dépourvue d'ailerons; dans cette douille, longue de o m. o75, est enfoncé un morceau de bois qui ressort de o m. 10. Sa forme rappelle celle de la poêle utilisée en Limousin pour faire les crêpes de blé noir.

La présence des tenons semble indiquer que le premier ustensile devait être muni d'un long manche, tandis que dans le second la douille n'existait que par mesure de précaution, pour rendre le maniement plus facile, le bois étant mauvais conducteur de la chaleur.

Nous avons dans notre travail précédent souligné l'exiguïté de certaines de ces marmites[1] : la même remarque s'applique à plusieurs autres rencontrées depuis; mais l'une d'elles mérite une particulière mention pour sa petitesse : le Musée de Moulins possède en effet une marmite de bronze moins grosse qu'une noix! Elle a été trouvée par M. Bertrand, conservateur du Musée, dans des fouilles opérées sur l'emplacement du cloître de la célèbre abbaye de Souvigny, avec de nombreux fragments de sculpture.

[1] Le peu de capacité de certains de ces ustensiles nous avait fait émettre l'opinion qu'ils n'avaient pu être utilisés pour la cuisine et qu'on pouvait leur attribuer une destination plus relevée; nous n'avons rien trouvé pour ou contre cette attribution, mais le rédacteur du catalogue du Musée d'Avenches indique que la marmite dont nous parlons plus loin a pu être utilisée par des alchimistes du xvi° siècle. La marmite publiée par M. Gay indique catégoriquement qu'elle sert à faire de bonne cuisine! (Cf. plus loin, p. 123, note 3.)

Cette marmite, presque sphérique (pl. XXIV, fig. 2)[1], avec rebord droit planté obliquement, est en fort mauvais état; son oxydation indique un long séjour en terre; deux pieds et une oreille manquent.

Le pied subsistant est terminé par un sabot; l'oreille est formée d'un demi-disque percé d'un trou et implanté sur le bord même du col, sans doute à cause de la difficulté d'exécution. Pour toute ornementation deux lignes creuses font le tour de la panse.

Ses dimensions sont : hauteur, o m. o34; diamètre maximum, o m. o23; pareille dimension au col, qui mesure o m. oo3. N'était le lieu de la trouvaille, nous dirions que c'est un jouet d'enfant! c'est peut-être aussi, et plus probablement, le « chef-d'œuvre » de quelque fondeur de cloches qui opéra à l'abbaye.

Abordons maintenant les marmites à inscriptions.

La plus ancienne (pl. XXIV, fig. 3 et 4) rencontrée se trouve en Suisse, au Musée d'Avenches, canton de Vaud; elle porte en français, en capitales gothiques rondes, l'inscription suivante précédée d'une croix tréflée:

IG ⦂ SVIS ⦂ ꝂOVOꝶSIH Ʌ G ⦂ BAIƲI ⦂ PꝶRIHS ⦂ OƆG F [2].

c'est-à-dire : *Je suis (à) Toumasin Le Bail(l)i; Parins me f(it)*.

Au point de vue paléographique on peut noter :
1° La forme des N, qui est celle des H romains[3]; 2° les M et les T qui sont identiques aux lettres employées sur la cloche de Chanteloup (xiiie siècle)[4] et sur la cloche de l'hôtel de ville de Compiègne (1303)[5]; 3° que le T de Toumasin est plus petit que les autres caractères.

Cette inscription est placée entre deux filets; la marmite est de forme sphérique aplatie, montée sur des pieds courts; les oreilles

----

[1] Cliché dû à l'obligeance de M. Bertrand, conservateur.

[2] Lecture de M. le pasteur Jomini, conservateur du Musée; c'est aussi à son obligeance que nous devons les clichés ci-joints.

[3] Cette forme se rapproche singulièrement de celle de l'M qu'on voit dans l'inscription de la fameuse cloche de Fontenailles. Cf. Jos. Berthelé, *Enquêtes campanaires* (Montpellier, Delord-Boehm, 1903), p. 366.

[4] Jos. Berthelé, *La cloche gothique de Chanteloup*, dans *Ephemeris campanographica*, juin 1910, p. 99.

[5] Jos. Berthelé, *Enquêtes campanaires*, p. 451.

sont constituées par une baguette droite placée horizontalement et une baguette courbe qui, au-dessus du point de rencontre avec la précédente, s'épanouit en tête humaine [1].

En général les inscriptions tracées sur les marmites sont obtenues au moyen du procédé classique des fondeurs de cloches aux derniers siècles, c'est-à-dire que les caractères ont été moulés sur cire dans une matrice; ce fait est facile à reconnaître, chaque lettre étant accompagnée de son «dossier», sorte de rectangle au milieu duquel elle se détache; de plus, le même caractère plusieurs fois reproduit est toujours identique puisqu'il provient de la même matrice. Ce procédé est en usage pour les cloches depuis la seconde moitié du XIIIᵉ siècle; antérieurement les lettres étaient obtenues au moyen de filets de cire posés sur la fausse cloche ou par le découpage au canif dans une couche de cire ou de graisse.

L'absence des dossiers, la dissemblance que présentent les mêmes caractères plusieurs fois employés, notamment les S, les M, les A, enfin l'adaptation du T à l'espace réduit par la présence de la partie inférieure de l'oreille, permettent d'affirmer que cette inscription a été composée au moyen de l'un des deux derniers procédés, et plus probablement du premier; par analogie avec les inscriptions campanaires [2], on peut rapporter la nôtre au XIIIᵉ siècle.

Cette marmite est à rapprocher de celle publiée par V. Gay [3]; l'inscription est conçue dans le même ordre d'idées : c'est le vase qui parle, là pour nous révéler son propriétaire, ici pour nous dire en plus sa destination. La forme des vases est différente; celui d'Avenches, plus aplati, est en même temps plus élégant.

La deuxième marmite en date est conservée en Limousin [4] et

[1] Cette marmite est ainsi décrite dans le *Bulletin de l'Association Pro Aventico*, II, 1888, p. 30, n° 836, par M. L. Martin, conservateur : «Grand vase de la forme d'un pot à feu, haut de 0 m. 39, acheté à Yverdon en 1825, trouvé dans les combles d'un bâtiment; son inscription en lettres gothiques a exercé la sagacité de nos archéologues, Troyon, le doyen Bridel, etc.

«Peut-être a-t-il servi à des alchimistes du XVIᵉ siècle. Il doit dater du XIIIᵉ ou du XIVᵉ siècle, époque où l'on a fabriqué beaucoup de vases d'église dont les inscriptions sont à peu près indéchiffrables.»

[2] Cf. Jos. Berthelé, *Enquêtes campanaires*, p. 366 et suiv. et *Essai de catalogue des cloches françaises du XIIIᵉ siècle encore existantes*; F. Ducloz, Moutiers-Tarentaise, 1907.

[3] *Glossaire archéologique*, p. 552. Elle porte : *je fu pot de graunt honur viaunde a fere de bon savhur Vilelmus angetel me fecit fieri.*

[4] Cette marmite appartient à Mᵐᵉ Goumy, à Saint-Martin-le-Vieux (Haute-

appartient au type pot à châtaignes. C'est une réplique absolument exacte, mais avec d'un peu plus petites dimensions, de l'objet qui a été reproduit ici même [1].

Elle porte sur la partie haute de la panse les décorations suivantes (fig. 2) : 1° une croix formée de deux I majuscules gothiques placés l'un sur l'autre; 2° la même lettre I; 3° un M majuscule orné; 4° la partie supérieure d'une lettre minuscule gothique, *b* ou *h*, sur laquelle est perché un oiseau; 5° la partie supérieure d'une autre lettre gothique légèrement différente, *h* ou *b*, sur la panse de laquelle est aussi perché un oiseau; 6° les lettres minuscules gothiques *e f c* posées horizontalement; les deux premières ornées d'un oiseau, sorte d'échassier; la dernière d'un animal courant, peut-être un renard?.

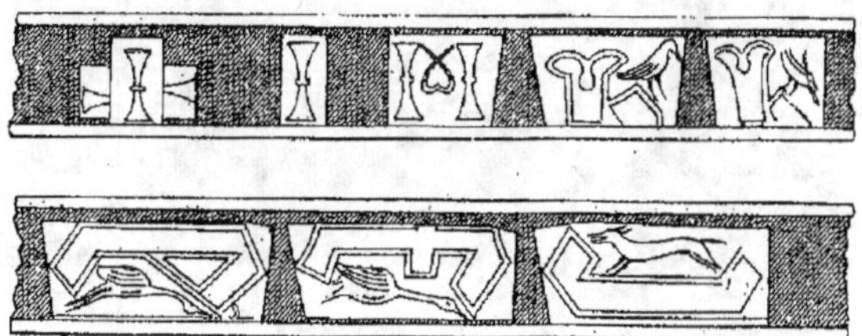

Fig. 2. — Inscription d'un pot à châtaignes, du xvie siècle.

Les lettres couchées ont o m. o38 de long; les fragments, o m. oo9; toutes appartiennent au même alphabet; il n'en est pas de même des lettres I et M, — initiales certaines des mots *Jhesus Maria*, — qui proviennent d'un alphabet plus petit.

Deux filets au-dessous de l'inscription, un au-dessous, deux autres au bas de la panse, complètent la décoration.

Comme dans notre marmite, les pieds, à section pentagonale, sont terminés par des sabots; les oreilles sont à angle droit.

Vienne), qui très obligeamment l'a mise à notre disposition. L'existence de ce curieux ustensile nous avait été signalée par notre vénéré confrère M. l'abbé Lecler, qui l'avait vue en 1884 alors qu'elle était en la possession de M. Pacaille, instituteur à Veyrac. Sa hauteur est de o m. 138; son diamètre à l'orifice, o m. og; hauteur des pieds, o m. o53.

[1] Rappelons que celui-ci porte comme inscription : *Ave Maria gratia plena*, en minuscule gothique, et plusieurs ornements dont une cloche.

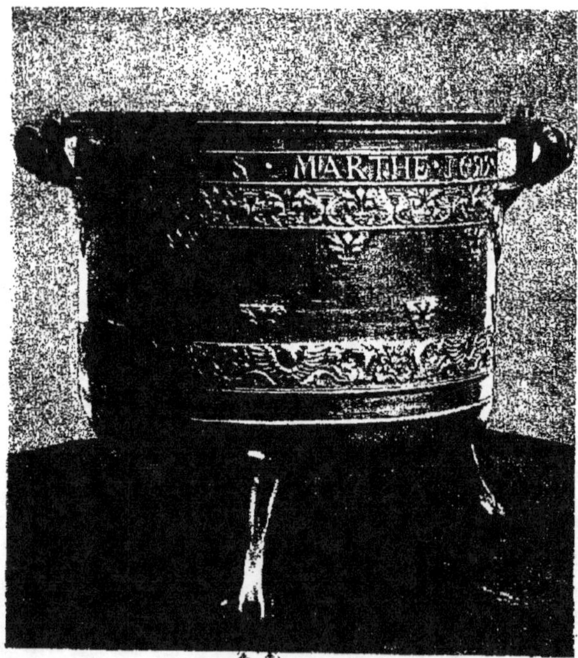

HÔPITAL DE PROVINS.
MARMITE DE BRONZE.

En Limousin, les lettres avec décoration animale se retrouvent sur un certain nombre de cloches toutes datées : à Saint-Agnan-de-Versillac (1490)[1], et à Saint-Sornin-la-Marche (1495)[2], la lettre *r* est accompagnée d'un héron; à Saint-Léger-Bridereix (1510), à Arrènes (1510)[3], la lettre *e* est ornée d'un oiseau à long col qui présente avec le nôtre une certaine analogie, mais les *f* sont différents; à Sagnat (1534)[4], ce sont le *r* et les *t* qui portent des oiseaux.

Il semble donc bien qu'en cette province cette ornementation est une indication de la Renaissance[5]; or, notre marmite étant limousine et par sa forme et par sa provenance, on peut sans témérité l'attribuer à cette époque.

L'hôpital de Provins abrite deux fort belles marmites toutes deux datées :

La plus ancienne (pl. XXV)[6] porte :

MONSIEUR DE S^{TE} MARTHE·1699·

Au commencement de la ligne, une main indicatrice, ornement cher aux fondeurs de cloches[7].

---

[1] Abbé Lecler, *Étude sur les cloches de l'ancien diocèse de Limoges* (Limoges, Ducourtieux et Gout, 1902), p. 33.

[2] *Ibid.*, p. 35.

[3] *Ibid.*, p. 42.

[4] *Ibid.*, p. 49.

[5] M. Jos. Berthelé est moins affirmatif, mais à un point de vue général : «Que tirer, dit-il, en ce qui concerne la cloche de Tourrettes, des lettres accompagnées d'ornements d'ordre végétal et d'ordre animal qui composent son inscription? Il nous paraît indispensable pour le moment de réserver tout essai de réponse. On connaît l'existence d'un nombre assez respectable de cloches dont les inscriptions en capitales ou en minuscules présentent des lettres ornées de façon similaire. Mais jusqu'à présent elles n'ont été que signalées. Il importerait d'en recueillir des photographies ou des moulages soignés, de les reproduire par la phototypie et de les étudier très méticuleusement de façon à pouvoir en dégager quelques données chronologiques fermes.» Cf. *La Cloche de Tourrettes-les-Vences et la paléographie campanaire gothique*, dans *Ephemeris Campanographica*, fascicule de juin 1910, p. 107.

La publication du fac-similé de l'inscription de notre marmite répondra donc au vœu de notre savant ami.

[6] Le cliché ci-contre nous a été communiqué très gracieusement par M. Antheaume.

[7] Le Sainte-Marthe dont le nom est inscrit sur cette marmite est certaine-

Cette marmite est de forme cylindrique; l'inscription est placée sur un bandeau à hauteur des oreilles; celles-ci sont constituées par une tête allongée en saillie de o m. o5, s'étalant par en bas en feuille d'acanthe.

Sous le bandeau portant l'inscription règne une sorte de frise ornementale formée de fleurs de lis ornées de feuillage et de dauphins adossés supportant une couronne ducale, le tout alterné.

La panse est décorée de triangles [1] placés en quinconces sur deux rangs et portant des fleurs de lis : dix en haut sous la frise et dix en bas sur une autre frise large de o m. o15 ornée de cœurs enflammés et soutenus par des ailes, alternant avec des dauphins contournés et des fleurs de lis.

Le fond de la marmite est une calotte très aplatie supportée par trois pieds hauts de o m. o9 et terminés par des griffes à doigts; diamètre, o m. 31.

L'autre marmite, légèrement plus petite, est à peu près de même forme; les oreilles droites percées d'un trou représentent des têtes grimaçantes coiffées de perruques à marteau; la partie supérieure forme un évasement sur une hauteur de o m. o35 et est ornée de trois filets; le filet inférieur commence la partie cylindrique droite ayant o m. 3o de diamètre; deux bandeaux larges de o m. o12 et espacés de pareille largeur portent l'inscription :

GVILLAVME DE CHAVAUDON ET DE LARHARE
CON^{ER} DE HONNEVR A TROYES 1717

Pour les épigraphistes signalons l'emploi simultané des V et des U. Au-dessus du E de *Larhare* une sorte de 1 renversé ͷ, peut-être un accent.

Sur le bas de la panse huit fleurs de lis et deux écussons ronds effacés; avant la calotte règne une petite frise de o m. o2o de hau-

ment un membre de l'illustre famille poitevine des Sainte-Marthe : soit Abel, sieur de Corbeville, doyen des conseillers de la Cour des Aides, garde de la Bibliothèque du Roi, mort en 17o6; soit Denis, le fameux bénédictin, alors prieur d'un couvent de Rouen, mort en 1725.

M. Antheaume nous a fait remarquer qu'il y avait un établissement de Bénédictins à Provins et qu'à l'hôpital de cette ville une grande salle porte le nom de salle Sainte-Marthe.

[1] Ces triangles rappellent peut-être les deux fusées *et demie* des armes des Sainte-Marthe.

teur ornée de fleurs de lis alternant avec un ornement formé de boules superposées; les pieds ont o m. 10 de haut.

Il est à remarquer que pour ces deux pièces les inscriptions ne font pas le tour de la panse, mais ne garnissent qu'un seul côté; ce qui semble indiquer que ce sont des ustensiles d'apparat. Et cependant jusqu'en 1862 ils ont été utilisés à l'hospice de Provins pour la cuisson des légumes et des pommes de terre !

Le Musée Lorrain, à Nancy, conserve trois marmites dont deux datées et une non datée, mais qui paraît être du xviie siècle; toutes présentent la même forme : un cylindre arrondi par le bas reposant sur trois pieds courts.

La plus ancienne porte :

JEAN MARCHODOT 1706

Au-dessous, deux rangées de petits ornements, écussons, croix de Lorraine, étoiles variées, fleurons, etc.; hauteur, o m. 26.

Sur la deuxième on lit :

JE SVIS A MR. IOVRDAIN DE

POMBILLOT DIRECTEUR

GNAL DE SALINES

1722.

Croix de Lorraine avant *Pombillot* et après *Salines;* la date est placée entre deux ornements; hauteur, o m. 30.

La troisième ne donne qu'un nom, sans doute celui de son propriétaire :

DE MAILLERENCOVR

et au-dessous, une couronne royale fermée entourée de sept fleurs de lis; hauteur, o m. 265.

Le catalogue du Musée de Châteauroux mentionne une « marmite de fonte avec deux anses et trois pieds portant en relief le nom d'*Vrban Rovveau*»; au-dessous, trois fleurs de lis d'un beau relief séparées à la partie supérieure par deux étoiles; sur les côtés, près des anses, se voient deux tiges terminées par une sorte de marguerite et portant plusieurs feuilles. Sa forme est un peu sphérique et les pieds sont bas; hauteur, o m. 14; diamètre à l'orifice, o m. 165.

Outre les marmites signalées plus haut, le Musée de l'Orléanais possède un vase qui se rapproche comme forme de ces marmites lorraines; c'est une sorte de seau de bronze monté sur trois pieds terminés par des sabots; les oreilles, implantées sur le rebord même du vase, représentent deux masques percés à la place du nez pour laisser passer l'anse; au-dessous du rebord on lit :

ANTOINE SIROT NICOLLE COVARD 1700

Un losange après *Antoine*, après *Sirot* et avant la date. Le D de *Covard* est à l'envers; à la partie inférieure, décoration formée de S couchés; hauteur, o m. 20; diamètre à l'orifice, o m. 19.

M. Bertrand, conservateur du Musée de Moulins, nous a également signalé un vase de forme analogue qui est conservé aux environs de cette ville. Il est haut de o m. 30 et porte en caractères de o m. 03 :

IEAN BAPTISTE DUBOST
DE MONMARCAVD CVRE
DE VENESME SVR CHAIR
DE L'ANNEE

1718

RADV F.

Après *Radu*, il y a une lettre mal venue; il faut évidemment lire *Radu. fecit;* on ne trouve pas ce nom sur les listes de fondeurs de cloches que nous avons parcourues.

Trois autres marmites ont été récemment trouvées en Périgord par M. le marquis de Fayolle; toutes trois appartiennent au type pot à châtaignes; elles sont couvertes d'inscriptions énigmatiques, combinaisons plus ou moins adroites de fragments de cercle et de lignes droites qui leur donnent un air vaguement runique [1].

L'érudit conservateur du Musée de Périgueux les a étudiées avec

[1] Voir les brochures indiquées plus haut, p. 118, note 1; des photographies et des dessins de ces inscriptions accompagnent ces deux intéressantes brochures.

la compétence qui lui appartient et de ses recherches il résulte que ces trois marmites sont dues à l'imagination fertile d'un fondeur illettré fixé à Belvès à une époque peu éloignée de nous. Les caractères semblent avoir été obtenus par l'emploi du procédé archaïque des filets de cire roulés.

En terminant sa seconde notice M. de Fayolle signale une curieuse coutume qu'il est important de relever ici : « Il paraît, dit-il, que lorsque l'on fait fondre en Vendée une cloche, l'usage est que le fondeur offre à la marraine une petite marmite fabriquée avec une partie du métal de la cloche [1]. » Il serait curieux de savoir si ce n'est pas la survivance d'un usage ancien et général.

M. de Fayolle a bien voulu nous communiquer la photographie d'une marmite ainsi offerte en Vendée au commencement du siècle dernier : elle offre de nombreux points de ressemblance avec la marmite de Puiseaux et certains autres ustensiles réputés gallo-romains.

Ce rapprochement nous servira de conclusion : en présence de la persistance des types, il nous paraît imprudent de rapporter l'un de ces objets à l'époque gallo-romaine ou au moyen âge en s'appuyant sur la seule forme du vase ou sur de vagues ornements; à défaut d'une provenance précise et circonstanciée, d'une ornementation caractéristique, nous devons nous borner à avouer notre ignorance.

[1] *Nouveau pot à châtaignes en bronze*, p. 8.

149

www.ingramcontent.com/pod-product-compliance
Lightning Source LLC
LaVergne TN
LVHW050251030726
842520LV00006B/2296